THÉORIE

DE

L'ENSEIGNEMENT DES LANGUES

ET

PLAN D'ORGANISATION

BASÉE

SUR L'ASSOCIATION DU CAPITAL, DU TRAVAIL ET DU TALENT

PAR

T. ROBERTSON.

PARIS

A. DERACHE,

LIBRAIRE POUR LES LANGUES ÉTRANGÈRES,

RUE DU BOULOI, 7, AU PREMIER.

1848

THÉORIE

DE

L'ENSEIGNEMENT DES LANGUES.

THÉORIE

DE

L'ENSEIGNEMENT DES LANGUES

Le jour viendra où l'on parlera une même langue sur le globe. Selon de grandes probabilités c'est la langue française, ou la langue anglaise, qui servira provisoirement d'idiôme universel.

Les travaux des philologues perdront alors de leur importance. Quelques hommes spéciaux, obéissant à leur vocation, resteront dépositaires des dialectes des siècles passés; comme on voit aujourd'hui les antiquaires recueillir et conserver religieusement les vestiges que le temps a respectés.

Dire sur quoi nous fondons cette prévision, ce serait nous écarter inutilement de notre sujet. Aux hommes qui ont le sentiment de l'unité nous n'apprendrions rien de nouveau. Ceux qui ne trouvent de beau et de bien que ce qui est, nous liraient avec ce sourire de supériorité dédaigneuse avec lequel ils accueillent ce qu'ils nomment les rêveries des utopistes. Les plus indulgents se contenteraient de dire : c'est un beau rêve. N'importe; le moment d'insister sur ce point n'est pas venu. Des années s'écouleront encore, pendant lesquelles l'étude de plusieurs langues

* Cet essai a été inséré dans *la Phalange*, Revue de la Science Sociale, N° de Septembre 1847.

c'est qu'il y en a autant qu'il y a de sciences, d'arts et de métiers; et que prétendre à les connaître toutes, ce serait prétendre à être universel, merveille qui ne s'est pas encore présentée.

Mais tous ces faisceaux de rayons divergents émanent d'un foyer commun, qui est la langue usuelle. Celle-là est comprise de tous; c'est la monnaie courante avec laquelle s'opèrent tous les échanges. C'est donc celle-là qu'il s'agit d'enseigner. Une fois qu'il en sera maître, l'homme spécial n'aura pas besoin de guide pour s'initier rapidement à la connaissance de celle qui concerne sa science à lui.

Ceci simplifie considérablement la question; car, au lieu d'environ cent quarante mille mots *, il y en a tout au plus trente mille à connaître dans chacune des principales langues de l'Europe.

Tout au plus trente mille! s'écriera plus d'un lecteur; vous en parlez bien à votre aise. N'est-ce donc rien que d'apprendre trente mille mots, sans compter la grammaire?

C'est beaucoup, sans doute, et s'il fallait prendre le dictionnaire et se charger la mémoire de tous ces mots les uns après les autres, nous doutons qu'il y eût des organisations assez tenaces pour venir à bout d'une pareille corvée. Il est heureusement possible d'arriver au but par un chemin beaucoup moins pénible.

Les mots de toutes les langues peuvent se diviser en deux classes : les simples et les composés.

Les mots simples, appelés racines, sont en petit nombre. Ils donnent naissance à tous les autres, en s'accroissant de syllabes initiales ou finales, qui modifient l'idée première.

En français, le seul verbe POSER a plus de cinquante dérivés, dont nous nous bornerons à citer quelques-uns : *ap*POSER, *com*POSER, *inter*POSER, *ex*POSER, *sup*POSER, POSÉ*ment*, POS*itif*, POS*ition*,

* C'est, dit-on, le nombre des mots contenus dans le Dictionnaire de Napoléon Landais. Nous n'en avons pas fait la vérification.

POS*itivement*, *dé*POS*itaire*, *super*POS*ition*. Du mot GRAND, on fait GRAND*e*, GRAND*iose*, GRAND*ement*, GRAND*eur*, GRAND*ir*, *a*GRAND*ir*, *a*GRAND*issement*. Les deux idées fondamentales exprimées par le mot *poser* et par le mot *grand*, se retrouvent, bien que modifiées, dans tous les dérivés de ces mots : ainsi, *grandement*, c'est d'une manière grande ; *grandeur*, la qualité de ce qui est grand ; *grandir*, l'action de devenir grand ; *agrandir*, l'action de rendre grand ; *agrandissement*, l'état de ce qui a été rendu grand.

Les syllabes initiales et finales, ou, si l'on veut, les particules et les terminaisons, ont donc la propriété d'ajouter à l'idée primitive exprimée par la racine, quelque idée accessoire qui la présente sous un autre point de vue.

Le nombre de ces syllabes est peu considérable, leur valeur varie très-rarement, et pour la bien connaître il suffit du rapprochement d'un certain nombre de mots analogues. Ainsi la personne la moins studieuse découvrira que la terminaison *able* sert à former des adjectifs, et signifie *apte* ou *capable*, en rapprochant et en comparant les mots suivants : *pénétrable*, *durable*, *excusable*, *redoutable*, *habitable*, *profitable*, *supportable*.

La signification de chaque particule et de chaque terminaison une fois connue, il est évident qu'on n'a plus besoin que d'étudier les racines, et alors le nombre des mots qu'il faut savoir pour comprendre tous les autres se réduit à environ trois mille.

Voilà donc le matériel du langage singulièrement diminué, si l'on compare le nombre de trois mille mots à celui de cent quarante mille. Nous pourrions même le diminuer encore, en éliminant les racines qui sont d'un usage très-rare, et qu'il n'est pas indispensable de connaître tout d'abord. Tels sont en français les mots : *accore*, *alevin*, *arrimer*, *baud*, *brande*, *cirrhe*, *faudet*, *gouin*, etc., inconnus même à bien des Français. Mais, comme il convient, d'un autre côté, d'ajouter certains mots, qui, sans être radicaux, méritent une attention particulière, il est préférable de se tenir plutôt au-dessus qu'au-dessous du nombre indiqué.

Déjà l'on doit entrevoir qu'il s'agit moins de travailler beaucoup que de travailler convenablement, et que la direction à donner aux efforts de l'étudiant est de la plus grande importance.

Voulez-vous savoir le temps qu'on gagne à étudier les racines, ou celui qu'on perd par la vieille méthode? Écoutez MM. Charassin et François, auteurs de l'un des meilleurs ouvrages modernes de linguistique, du *Dictionnaire des racines et dérivés de la langue française*.

« Conduisons l'étudiant par la route généralement frayée : « lisant un ouvrage, au premier mot qu'il va rencontrer, il se « met incontinent à fouiller le dictionnaire pour en déterrer le « sens général. Prenez garde qu'à chacun il lui faut traîner « l'énorme volume, et l'affûter pour ainsi dire en vue de la re- « cherche; ensuite, pénétrant bravement au travers, aborder « celles des six ou sept mille colonnes qui sont classées sous la « première lettre de la diction poursuivie ; ensuite, demandant « son chemin à chaque tête de colonne, outre-passant le plus « souvent le feuillet désiré, rebroussant alors et le dépassant, « puis le laissant encore en arrière, tâtonnant longtemps, il « l'accoste enfin ; ensuite il court après la page où se tapit « sa proie ; ensuite il démêle la colonne ; ensuite il cherche « dans la foule de quarante ou cinquante voisins, y reconnaît et « attrape enfin son mot! Or, c'est une expérience faite et facile « à répéter, qu'un mot ignoré dans le dictionnaire d'une langue « inconnue coûte rarement moins et souvent beaucoup plus « de quinzes secondes : pour de jeunes et légers esprits, vous « pourriez doubler sans surfaire.

« Le mot est lu, la signification en est comprise, le livre est « refermé ; mais demain, voilà de nouveau le même mot, voilà « la même perquisition ; dans cinq jours, apparition nouvelle et « perquisition nouvelle. Or combien de fois estimez-vous qu'un « nom, pour se loger à demeure dans la mémoire, doive résonner « à l'oreille ou frapper les yeux? Dix fois, est-ce trop? quand

« presque tous les termes d'un usage fréquent ont quatre ou « cinq acceptions, dont une seule attire exclusivement l'esprit, « celle qui s'agence le mieux avec le but spécial de chaque re- « cherche ! quand ceux que rarement l'habitude ramène ont tout « le temps d'être oubliés durant l'intervalle de là première vue « à la seconde ! quand enfin, en anciennes langues surtout, ils « sont si souvent et si diversement déguisés sous le masque trop « changeant des désinences ! N'oubliez pas les impatiences et les « dégoûts de nos esprits dépités, lorsque au bout d'une même « ligne il nous a fallu recommencer la recherche à peine ache- « vée d'un même terme ! N'oubliez ni les évaporations du jeune « âge, ni les distractions de toute la vie, dans ces inintelligentes « manœuvres : additionnons à présent.

« Chaque nom coûte, l'un portant l'autre, dix expéditions « dans le vocabulaire : à vingt secondes l'une, ce sont deux « cents secondes, un peu plus de trois minutes, et pour trente- « deux mille trois cents mots, ce sont cent sept mille six cent « soixante-six minutes, ou environ *dix-sept cent quatre-vingt-* « *douze heures* : consacrez à cet exercice quatre heures par jour « et, pour finir, il vous faudra quatre cent quarante-huit jours, « c'est-à-dire un peu plus de deux années, de deux cents jours, « chômage décompté ! Deux ans, pour feuilleter, non pas pour « lire, pour étudier, s'il vous plaît, non du tout ; mais unique- « ment, exclusivement, pour prendre, laisser, reprendre un « livre, l'ouvrir, tourner et retourner les feuillets, en parcourir « de l'œil les colonnes, le fermer, le déposer et le ressaisir !

« Si, du moins, ce mouvement manuel, comme celui de la « plupart des métiers, provoquait quelque membre à l'habileté « et à l'adresse, s'il divertissait l'intelligence en l'amusant au « profitable exercice d'un organe ! Mais rien : sec et rebutant, « il lasse les yeux qu'il attache sur des listes sans fin de mots « papillotants, parmi lesquels ils ont à discerner et à choisir ; il « interrompt les opérations de l'entendement et répugne autant « à l'esprit qu'au corps. »

Plusieurs esprits judicieux avaient senti depuis longtemps combien est abréviative l'étude des racines. Selon De Brosses, « cette manière philosophique d'apprendre une langue est la « plus expéditive de toutes pour un homme qui a l'esprit formé « et l'habitude de combiner. » Tout le monde connaît le *Jardin des Racines grecques* de Port-Royal, ouvrage qui a le défaut de ne présenter à l'esprit que des mots isolés, expliqués par des vers baroques et fort peu poétiques. Il y a deux autres ouvrages, moins connus, quoique bien supérieurs, selon nous; ce sont : *les Aventures d'Ulysse*, par le père Giraudeau, poëme réunissant dans six cents vers les trois mille racines grecques; et *les Aventures d'Énée*, par J. B. Morand, renfermant les racines latines en quatorze pages de prose. Ces deux ouvrages, dont nous n'avons appris l'existence que récemment, ont, sur les listes sèches de mots isolés, l'inappréciable avantage de donner facilement prise à la mémoire par une forme narrative et suivie.

Si, pour comprendre et parler une langue, il suffisait d'en savoir les mots, le problème serait résolu par les ouvrages que nous venons de citer; et avec une mémoire ordinaire on atteindrait le but en deux ou trois mois. Mais les mots sont aux langues ce que le bois, la pierre, le ciment et les métaux sont aux constructions des hommes. Ce sont des matériaux qu'il faut savoir combiner, ajuster et mettre en ordre.

Ici se présente une difficulté sérieuse. Comment doit-on s'y prendre pour enseigner cet art si compliqué du langage? Pendant des siècles, on s'y est pris d'une manière dont les résultats n'ont pas été brillants. On a commencé par mettre des rudiments entre les mains des élèves, c'est-à-dire qu'on a commencé par la partie la plus aride et la plus rebutante de l'enseignement. On a donné des règles avant de faire voir les faits sur lesquels elles sont fondées. Les fruits de ce système sont connus.

Plusieurs observateurs, frappés de l'insuccès de la méthode théorique, en ont pris exactement le contrepied, se sont bornés à des exercices pratiques, et, il faut le dire, ils n'ont pas eu de peine à obtenir de meilleurs résultats que leurs devanciers. Parmi les plus célèbres innovateurs, le spirituel Jacotot attira pendant plusieurs années l'attention générale. Pénétré de l'importance de la pratique, il bannit les règles et les explications, et voulut qu'on se contentât d'apprendre un livre par cœur. Et telle est la puissance des faits, lorsqu'ils sont en nombre suffisant et souvent répétés, que ceux qui eurent assez de volonté et de persévérance pour apprendre un volume par cœur, firent en effet de grands et rapides progrès. Cette méthode, qui ne coûtait pas beaucoup de travaux ni beaucoup d'efforts à son inventeur, péchait par plusieurs côtés : Il est peu de personnes qui aient assez de mémoire et assez de temps pour apprendre *Télémaque* par cœur, et pour le répéter fréquemment ; et il est douteux que ceux-là même qui accomplissent ce tour de force trouvent dans *Télémaque* les expressions nécessaires pour demander une bouteille de bière ou une tasse de café et le journal. Il est juste de dire que Jacotot n'imposait pas *Télémaque* comme l'unique livre à étudier ; mais tout autre ouvrage, qui ne serait pas composé exprès, donnerait lieu au même genre d'objection.

Lemare, que des travaux solides, consciencieux et durables, placent bien au-dessus de Jacotot, comprit que, pour qu'un livre renfermât toute une langue, il fallait le faire exprès. Voici comment il s'exprime dans son *Cours de langue latine :* « Nous « ne différons qu'en un seul point. C'est que le professeur de « Louvain, sans se donner aucune peine, vous met dans les « mains le premier livre venu, et qu'il vous dit : tout est là, « formes déclinatives et conjugatives, faits syntaxiques et éty- « mologiques, enfin tout ce qui est nécessaire pour se former à « la traduction et à la composition latine ; et que moi, j'ai fait « péniblement un livre exprès, où j'ai rassemblé par groupes « analogiques, en latin classique, c'est-à-dire en latin modèle, « tout les faits grammaticaux épars dans l'universalité des livres « latins. »

Voilà donc résolue une autre partie du problème. Il faut que le livre renferme non-seulement les racines d'une langue, mais encore ses formes conjugatives et autres, et ses faits syntaxiques. Et pourtant l'ouvrage de Lemare ne nous semble pas avoir une popularité et un succès proportionnés à son mérite incontestable. Cela vient, si nous ne nous trompons, de ce qu'il se compose de phrases détachées qui n'ont pas l'intérêt d'un texte suivi, comme le serait une histoire où les faits s'enchaînent et se gravent dans la mémoire.

De tout ce qui précède, nous pouvons déduire les principes suivants :

1° *L'enseignement d'une langue doit réunir tous les faits qui constituent la langue usuelle, savoir : 1° les mots et leurs désinences; 2° les lois qui président à la mise en œuvre des mots, ou la construction ;*

2° *L'unité de système et l'économie de ressorts veulent que tous ces faits soient condensés en un texte suivi, concis, et intéressant s'il est possible ;*

3° *L'expérience nous autorise à affirmer qu'un pareil texte peut se réduire à soixante, quatre-vingts ou cent pages, suivant les complications de la langue à enseigner, et suivant l'habileté de l'auteur.*

Ainsi une langue entière avec ses mots radicaux (donnant la clé de tous les autres), ses inflexions, sa dérivation, et ses tournures de phrases, peut être renfermée dans une centaine de pages au plus. Et ces pages, *parfaitement sues*, on peut comprendre, lire, écrire, traduire et parler.

Si nous avons été assez heureux pour nous faire comprendre clairement, personne ne pourra nier que ce ne soit là évidemment et incontestablement la seule base sur laquelle on doive appuyer l'étude d'une langue. Toute méthode fondée sur d'autres principes est nécessairement plus longue et moins sûre.

La première chose dont l'auteur d'un cours de langue doit s'occuper est donc la confection du texte; tâche laborieuse s'il en fût, car c'est la synthèse de toute une langue. Elle suppose une connaissance approfondie de cette langue, de ses lois grammaticales, de ses idiotismes et de ses finesses. Le texte aura d'autant plus de valeur qu'il sera plus concis, de même que les essences sont d'autant plus précieuses que, mieux rectifiées, elles renferment le plus d'arôme sous le plus petit volume.

Nous ne prétendons pas avoir rempli dans toute leur rigueur les conditions que nous posons nous-même. Nous savons très-bien tout ce qu'il nous reste à faire, et nous aspirons au moment où nous aurons assez de temps et de liberté d'esprit pour compléter notre travail.

Il ne suffit pas d'avoir un texte fait d'après les principes énoncés. Il faut en rendre l'étude facile, et même attrayante.

Rien n'empêche les disciples de Jacotot d'y appliquer la méthode de leur maître, et de l'apprendre par cœur. Il leur faudra moins de temps pour savoir ce texte que pour savoir *Télémaque*, et nous leur promettons de grands succès.

Mais, nous l'avons déjà dit, tout le monde n'a pas les dispositions nécessaires pour apprendre par cœur. Il est même fort peu de personnes qui voulussent s'astreindre à une opération aussi ennuyeuse et aussi monotone.

Il est d'autres moyens d'arriver au but. Avant d'en faire l'exposé, examinons à quelles conditions on peut avoir la certitude que l'on possède une langue, particulièrement une langue vivante.

Il faut :

Prononcer correctement ;

Comprendre tous les mots usuels, avec leurs désinences, non seulement à la lecture, mais encore et surtout à l'audition ;

Connaître la grammaire ;

S'exprimer avec facilité.

Maintenant vaut-il mieux, suivant le procédé longtemps en vigueur, s'attacher exclusivement à une seule de ces difficultés à la fois, ou bien, les considérant toutes comme solidaires et engrenées, faire marcher de front l'étude de chacune d'elles, en soulageant ainsi la tension de l'esprit, par l'exercice alternatif de la mémoire et du jugement, de l'œil, de l'oreille et de la voix, appliqués tour-à-tour et dans une même séance à la pratique, à l'analyse, à la théorie et à la synthèse?

Pour nous, ce dernier moyen nous a semblé le meilleur.

Nous divisons notre texte en leçons, très-courtes d'abord, et devenant graduellement plus longues. Puis nous subdivisons chaque leçon en exercices :

1° De lecture ou de prononciation;

2° De traduction avec le texte sous les yeux;

3° De traduction sans voir le texte, ou à la simple audition, tantôt de la langue étrangère en langue maternelle, tantôt de la langue maternelle en langue étrangère.

4° De conversation;

5° De phraséologie;

6° D'analyse grammaticale;

7° De théorie, où les règles ne sont jamais présentées qu'à la suite des faits, dont elles sont la déduction;

8° De synthèse, ou d'application de ces règles à la composition en langue étrangère.

Nous n'entrerons pas ici dans les détails d'exécution, qui exigeraient de trop longs développements, et que l'on trouvera dans le *Précis* de notre méthode, brochure que nous distribuons gratuitement. Nous nous bornerons à faire remarquer quelques-uns des avantages de cette manière de procéder.

Le texte de la leçon est le pivot de tous les exercices. Il offre à l'esprit un point d'appui satisfaisant et sûr. Il fournit matière à la conversation, c'est-à-dire aux questions du professeur et aux réponses des élèves. Les mots qu'il renferme, combinés de mille manières, donnent naissance à un nombre illimité de phrases nouvelles. L'analyse en extrait successivement toutes les règles grammaticales, puisque nous avons dit plus haut que dans son ensemble il doit les contenir toutes. Ainsi, lecture, version, conversation, thème, tout se passe séance tenante, *sans qu'il soit besoin de recourir au dictionnaire.*

Si l'on a bien compris ce que nous avons dit de la dérivation des mots, on concevra qu'il est possible, en peu de leçons, d'apprendre un grand nombre de mots.

Si, par exemple, chacune des vingt premières leçons renferme, en moyenne, vingt-cinq racines, et que chaque racine donne, en moyenne aussi, neuf dérivés, les vingt leçons parfaitement bien sues mettront environ cinq mille mots à la disposition de l'étudiant.

Or, avec un vocabulaire de cinq mille mots, et une connaissance proportionnelle de la grammaire, on peut déjà s'exprimer et se faire comprendre dans une foule de circonstances; et l'un des effets brillants de notre système est de mettre le professeur à même, au bout d'une vingtaine de leçons, de se faire comprendre de ses auditeurs, sans l'intermédiaire de leur langue maternelle, et dans la langue même qu'il leur enseigne; expliquant l'inconnu à l'aide du connu, leur donnant la conscience de ce qu'ils ont acquis, et stimulant puissamment leur attention. On ne saurait se figurer la satisfaction d'un auditoire qui, pour la première fois, et au bout de si peu de temps d'étude, reçoit cette révélation de ses forces et de ses ressources.

Avec un texte construit d'après les conditions que nous avons posées et divisé en un nombre fixe de leçons, il devient possible de calculer rigoureusement le temps nécessaire pour savoir une langue. Il suffit d'apprendre trois ou quatre leçons, en tenant note du temps qu'il a fallu employer pour les savoir parfaitement.

Si le cours entier se compose de cent leçons convenablement graduées, et qu'il ait fallu douze heures pour en bien savoir quatre, on en conclura qu'il faut en tout trois cents heures d'assiduité, c'est-à-dire environ *la sixième partie* du temps que, par la méthode ordinaire, on perd à feuilleter le dictionnaire.

Donc, celui qui donnera une heure par jour de son temps, y mettra un an, en se reposant les dimanches et les jours de fête.

Et celui qui pourra et voudra y consacrer trois heures par jour, atteindra le but en trois mois et demi.

Hâtons-nous de dire, de peur de faire naître des espérances exagérées, que ces résultats, bien que certains et infaillibles en théorie spéculative, ne sont que rarement obtenus dans la pratique. En voici les raisons :

D'abord, nous avons donné trois heures comme le temps moyen pour *bien savoir* une leçon. Il en faut moins pour certaines organisations privilégiées; mais il en faut plus pour certaines autres.

Ensuite, il est rare qu'au désir de savoir on joigne une énergie de volonté suffisante pour ne jamais se ralentir. Bien des gens partent avec ardeur et fléchissent en route.

Et enfin, l'attention, même des plus persévérants, n'a pas constamment le même degré d'intensité, n'est pas toujours dégagée de toute préoccupation d'affaires, de plaisirs ou de soucis.

De même qu'en mécanique il faut tenir compte des frottements, il faut dans l'enseignement des langues prévoir toutes ces causes de ralentissement et rechercher les moyens de les atténuer.

Presque tout ici dépend du professeur. La machine lui est livrée en bon état et prête à fonctionner; c'est à lui qu'il appartient d'en adoucir les frottements, d'en accélérer ou d'en ralentir la marche, selon les circonstances. Pour cela c'est un artiste qu'il faut, et non pas un manœuvre. Le véritable professeur, qui sent la dignité de sa mission et qui la remplit avec amour, fera de bons élèves, même avec la méthode la plus imparfaite. L'homme à esprit mercantile qui prend l'enseignement comme un métier, ne saura jamais tirer parti de ses outils, quelque bons qu'ils soient.

Attrait dans l'Étude.

Entre autres moyens attrayants qu'il est bon d'employer comme de puissants auxiliaires, nous recommandons les conférences et les exercices dramatiques avec des nationaux. On conçoit facilement que les progrès doivent être d'autant plus rapides qu'on a des rapports plus fréquents avec ceux dont on apprend la langue.

Chaque idiôme a ses dialectes, ses variétés d'intonation, qu'il n'est pas nécessaire d'imiter pour bien parler, mais qu'il est utile de connaître pour bien comprendre le premier venu. Et s'il est vrai qu'un étranger qui apprend le français doive désirer le comprendre dans la bouche d'un Provençal, d'un Gascon, d'un Normand, d'un Picard, ou d'un Belge, aussi bien que d'un Parisien, il est également vrai qu'un Français doit ambitionner des résultats analogues dans les langues étrangères qu'il apprend.

Ajoutons à ces avantages ceux qui résultent de l'attrait d'une conférence, où l'on peut faire valoir son éloquence, son instruction, ou la solidité de ses raisonnements; de l'attrait plus grand encore, d'un exercice dramatique, où l'étude est entièrement déguisée sous la forme d'un divertissement; où le talent de l'action doit être joint à celui de la diction; et l'on conviendra certainement que ces ressources accessoires ne sont pas seulement de nature à faciliter l'étude des langues, mais encore à en répandre le goût et à la populariser.

Mais l'emploi de ces moyens dans des proportions larges et libérales n'est pas chose facile. Il nécessite des frais assez considérables et suppose une nombreuse clientèle. Il n'est donc pas à l'usage de tous les professeurs, comme cela serait à désirer, dans l'intérêt de ceux qui apprennent comme de ceux qui enseignent.

Examinons s'il ne serait pas possible, en faisant converger les intérêts des professeurs, de placer l'enseignement des langues vivantes au-dessus de la condition précaire qui lui est faite, de lui donner de l'attrait et de l'éclat, et de remplacer une concurrence anarchique, quelquefois déloyale, par l'union et la solidarité.

Plan d'Organisation.

Supposons qu'il s'élevât dans Paris un vaste établissement, consacré à l'étude des langues modernes, avec de nombreuses salles de cours, spacieuses et commodément disposées, une bibliothèque, un salon de lecture, une salle de conférences et une salle de spectacle; supposons que des hommes spéciaux, orateurs, artistes, professeurs et littérateurs y fussent invités de toutes les parties du monde; que, pour l'enseignement de chacune des langues les plus importantes, il y eût quinze à vingt professeurs différents, rivalisant de zèle et de talent; qu'à certains jours de la semaine les étudiants les plus avancés y trouvassent l'occasion de causer ou de discuter avec un grand nombre d'étrangers, Anglais, Allemands, Espagnols, Italiens, Arabes; qu'ils y pussent prendre part comme acteurs ou comme spectateurs à des représentations des chefs-d'œuvre dramatiques de tous les pays; n'est-il pas bien vraisemblable qu'un immense succès répondrait aux efforts des fondateurs de cet établissement? que les Français, sûrs d'y trouver en grand nombre les Étrangers dont ils voudraient connaître la langue, y viendraient en foule? que les Étrangers, amateurs de la langue et de la littérature françaises, s'y donneraient rendez-vous, comme en un grand centre de lumières et de sympathies?

N'est-il pas vraisemblable aussi que l'étude étant rendue attrayante, et produisant des résultats rapides et infaillibles, le goût des langues deviendrait à peu près général?

Quand nous parlons d'une salle de spectacle, on doit comprendre qu'il n'est pas question d'un grand théâtre où tout le monde serait admis, mais d'une modeste scène où, quatre ou cinq fois par mois, des étrangers de différentes nations, secondés par des élèves, quelquefois même par des artistes leurs compatriotes, feraient connaître la littérature dramatique de leur pays. On conçoit que, réduites à ces proportions, et se passant, pour ainsi dire, en famille, ces représentations nécessiteraient fort peu de dépenses. On doit concevoir aussi que les dames les plus réservées pourraient, sans plus de crainte que dans la comédie de salon, donner leur concours à ces exercices où présideraient la décence et le bon ton.

Nous ne démontrerons pas ici par des calculs que ce plan serait facilement réalisable, et d'autant plus facilement qu'on en pourrait réduire les proportions jusqu'à un certain point, sans trop nuire aux conditions de succès. Vingt-six années de pratique constante de l'enseignement n'ont fait que nous confirmer dans la pensée qu'une telle institution serait non-seulement désirable, mais possible.

Il y aurait deux manières de la fonder.

Un capitaliste ou une compagnie d'actionnaires, étrangers du reste à l'enseignement, pourraient en faire les frais et en recueillir les bénéfices, en le faisant administrer pour leur compte, et en exploitant des travailleurs salariés, ainsi que cela se pratique dans la plupart des grandes entreprises de la civilisation.

Ou bien, des philologues et des professeurs pourraient associer leur capital, leur travail et leur talent.

Le premier de ces moyens joindrait à de grands avantages les inconvénients de toutes les entreprises de la féodalité financière. Il ouvrirait la porte au favoritisme, aux passe-droits, aux abus de toute nature. En supposant même toutes choses au mieux, il est certain que des professeurs salariés n'auraient pas, ne sauraient avoir l'entraînement et l'ardeur de professeurs agissant autant pour leur propre compte que pour celui de l'association tout entière, et comptant sur des bénéfices proportionnels à leurs efforts. Une exploitation de ce genre mettrait les professeurs à la merci d'une compagnie financière, sans le bon plaisir de laquelle l'homme de talent ne pourrait se produire. Ce serait introduire dans l'enseignement ce que l'on voit déjà dans le commerce et dans l'industrie, la toute-puissance du coffre-fort.

L'association du capital, du travail et du talent n'aurait aucun de ces inconvénients; mais elle nécessite quelques explications, car, à moins d'avoir étudié la question, l'on ne se rend pas bien compte de la possibilité de rétribuer équitablement le travail intellectuel d'une centaine de personnes, dont les unes ont pu faire beaucoup, tandis que la coopération des autres a pu être très-faible. Et l'on a surtout peine à comprendre comment le talent, qui présente quelquefois de grandes inégalités, peut être rigoureusement apprécié et rétribué, sans heurter l'amour-propre et sans donner lieu à une foule de réclamations.

Nous allons tracer sommairement le plan de cette association.

Le capital social est divisé en actions assez nombreuses, et représentant chacune une somme assez modique pour que le professeur le moins favorisé de la fortune puisse en prendre au moins une. Les actions ne sont délivrées qu'à des professeurs ou à des personnes disposées à suivre les cours de l'établissement. Elles sont personnelles et intransmissibles: donc elles échappent à l'agiotage. Il résulte de cette disposition que tous les propriétaires d'actions sont directement intéressés à la prospérité de l'établissement.

Tous les moments de la journée ne sont pas également favorables aux cours; l'équité veut cependant que tous les professeurs aient une égale chance de succès, sous ce rapport du moins. En conséquence, les heures sont divisées en trois catégories, heures favorables; heures peu favorables; heures moins favorables. Pendant tels mois de l'année, une partie des professeurs dispose des heures favorables, qu'elle cède à tour de rôle aux autres, selon les conventions admises.

Un registre est destiné à tenir note, heure par heure, du temps donné par chaque professeur, orateur ou artiste, aux travaux de l'établissement, tels que leçons, discours ou déclamation.

On inscrit également dans ce registre le nombre d'auditeurs présents à chaque séance.

Au jour de la répartition, le bénéfice se divise ainsi : quatre douzièmes pour le capital, cinq douzièmes pour le travail, et trois douzièmes pour le talent.

Supposons que le bénéfice soit de 120,000 fr.

40,000 appartiennent au capital. Chacun reçoit un dividende proportionnel au nombre de ses actions.

50,000 fr. appartiennent au travail.

S'il y a cent professeurs, et qu'ils aient à eux tous donné un total de dix mille heures de leur temps dans l'année, chaque heure vaudra 5 fr. Il sera donc facile de rétribuer chacun selon le nombre d'heures qu'il aura données.

Il reste 30,000 fr. pour rétribuer le talent.

Mais comment jauger le talent? Comment donner beaucoup à l'un, très-peu à l'autre, et cela sans exciter le moindre murmure? Cela est plus simple et plus facile qu'on ne le pense.

Quel est le juge le plus impartial du talent? N'est-ce pas le public? Ne le voit-on pas se porter en foule aux représentations de l'acteur qui l'émeut, et déserter la salle quand l'acteur l'ennuie ou le laisse froid? Eh bien, c'est ici le jugement irrécusable du public qui décidera.

Tout étudiant inscrit pour apprendre une langue pourra assister, s'il lui plaît, à tous les cours de cette langue faits dans l'établissement, ou bien opter pour celui qui lui offrira le plus d'intérêt.

Or, nous avons dit que le nombre des auditeurs présents à chaque séance est inscrit dans un registre.

En supposant que six cents auditeurs se répartissent chaque jour entre les différents cours, et en multipliant ce nombre d'auditeurs par trois cents jours (déduction faite des jours fériés), on a cent quatre-vingt mille présences. Chaque présence équivaut donc à un sixième de franc, ou un peu plus de 16 centimes (la somme à répartir étant de 30,000 francs). Et comme on sait exactement le nombre des auditeurs qui ont assisté à chaque leçon de chaque professeur, il devient facile de régler les comptes en un instant, et sans réclamation possible. Celui, par exemple, qui au bout de l'année compterait à lui seul dix-huit mille présences, aurait droit à 3,000 fr., tandis qu'il reviendrait 30 fr. à celui qui compterait cent quatre-vingts présences, c'est-à-dire un auditeur tous les deux jours.

Il faut dire cependant que ce dernier cas ne pourrait se présenter que si un professeur peu aimé du public se bornait à faire un cours, et ne prenait point part aux conférences, auxquelles devraient assister au moins dix professeurs, pour qu'elles eussent beaucoup d'attrait et de variété. Au moyen de ces conférences, les professeurs les moins heureux jouiraient au moins une fois par semaine de la présence d'un grand nombre d'auditeurs, en commun avec ceux de leurs collègues qui seraient plus favorisés du public ; ce qui diminuerait un peu des inégalités qui doivent être prévues, et qu'il semble impossible de rétribuer plus équitablement.

Ceci nous amène à faire voir comment il serait possible, sans offenser personne, d'éliminer graduellement les hommes qui se seraient fait illusion sur leur capacité ; par suite, d'attirer ceux qui donneraient des espérances, et d'avoir ainsi constamment des hommes de savoir et de talent. Il suffirait pour cela de fixer dans le règlement le minimum des présences d'auditeurs exigible de chaque professeur dans le cours de l'année; et celui qui, après un nombre déterminé d'années de professorat, n'aurait pu atteindre à ce minimum, se retirerait sans autre avertissement que celui que lui donneraient les chiffres. Il lui serait loisible, dans ce cas, de demander le remboursement de ses actions, ou de rester associé pour le capital seulement.

Une organisation comme celle dont nous venons de faire l'esquisse rapide, soutenue par une méthode rigoureusement exacte, aurait de nombreuses conséquences, dont nous nous contenterons d'indiquer les plus saillantes.

Le temps nécessaire pour savoir une langue serait réduit de plus des sept huitièmes.

On étudierait par plaisir au lieu de le faire par nécessité.

Les communications intellectuelles de peuple à peuple deviendraient instantanées, et ne réclameraient plus l'intervention d'interprètes.

Un pareil essai, couronné de succès, serait imité de proche en proche dans toutes les capitales, et y formerait des centres d'attraction où abonderaient les étrangers instruits de tous les pays. Nous livrons ce point de vue aux méditations des philologues.

Dans le corps enseignant, le vrai mérite aurait toujours un moyen de se produire, et l'incapacité serait graduellement forcée de céder la place, puisque les professeurs recevraient la sanction du public, dont le jugement impartial vaut bien un diplôme, quelquefois dû à la faveur, ou obtenu par l'intrigue.

Ainsi des améliorations palpables seraient réalisées par l'application de quelques principes de la théorie sociétaire, théorie nouvelle, inconnue encore à bien des gens, mais qui chaque jour acquiert des partisans de plus en plus nombreux. Le but de cette théorie et de l'École qui la propage est de faire régner l'harmonie sur la terre. Pour nous, qui nous sommes rallié avec une conviction profonde aux principes de cette École, nous croirons avoir obtenu un premier succès, si nous avons réussi à faire entrevoir, comme prélude, que l'union est possible entre les professeurs, et qu'elle est préférable à la confusion et à la lutte des intérêts.

Paris. — Imprimerie Bonaventure et Ducessois,
55, quai des Grands-Augustins.

www.ingramcontent.com/pod-product-compliance
Ingram Content Group UK Ltd.
Pitfield, Milton Keynes, MK11 3LW, UK
UKHW021206230726
13926UKWH00001B/343

9 782014 441499